이 책을 만나
그대의 인생에
봄꽃 해가 더 피었기를

오찬영 사

봄꽃처럼 활짝 피어날

_____ 님에게

일러두기

맞춤법의 경우 국립국어원 규정을 따랐으나, 저자의 입말과 의도를 살리기 위해 따르지 않은 경우도 있습니다.

꽃처럼 향기롭게 살기 위한 인생 필사 100

그대의 인생에
봄꽃 하나 심겠습니다

오평선 지음

더퀘스트

들어가는 말

사람은 쉽게 바뀌지 않는다는 말에 공감한다. 나 역시 그랬으니... 하지만 큰 사건을 겪으면 바뀔 수 있다. 나는 죽음의 문턱까지 갔다가 머리가 아예 통째로 바뀌었기 때문이다.

햇살이 따스했던 어느 봄날, 나는 밭에서 채소를 돌보던 중에 갑자기 가슴이 답답하고 식은땀이 나더니 쓰러졌다. 그렇게 구급차에 실려, 중환자실에서 정신을 차렸다. 급성 심근경색이었다. 조금만 늦었어도 아마 나는 지금 이 세상 사람이 아닐 것이다. 그렇게 나는 기적적으로 새로운 삶을 얻게 되었다. 그 후로 아래 두 가지 원칙을 늘 생각하며 산다.

1. 오늘 최선을 다할 것
2. 누릴 것을 미루지 않을 것

만약 내일 아침에 눈을 뜨지 못한다고 해도 아쉽지 않게, 슬프지 않게 살고 싶다. 그러기 위해서는 행복을 가까이에서 찾는 것이 가장 중요하다는 것을 깨달았다. 행복은 언제나 멀리 있는 것이 아니라 가까이에 있다는 것을 명심해야 한다.

그래서 가족과 보내는 시간을 더욱 늘리려 한다. 언제나 나를 따뜻하게 감싸주는 햇살 같은 가족과의 추억이 많아지면 향기롭게 살다 떠날 수 있을 것 같다.

나는 그때그때 떠오르는 생각을 바로 메모해두는 오래된 습관이 있다. 떠나는 날까지 내 삶을 글로 남기려 한다. 말은 흘러가고 글은 남는다. 말보다 글의 힘이 강하다는 것을 믿는다. 나는 사라져도, 글은 영원히 남을 것이다. 그래서 흘러가 버릴 오늘을 글로 남긴다.

내 마음이 시들고 있다고 느낀다면 자신의 마음에 봄꽃을 심어보자. 이 책에 담긴 글들이 꽃씨가 되어 그대의 인생에 봄꽃 하나 심을 수 있도록. 당신이 봄꽃처럼 활짝 피어나기를 바란다.

오평선

목차

1장

**작은 빛만으로도
살아갈 이유가 된다**

내 마음에 담기 위해 쓴다	014
글쓰기는 소중한 벗이고 해우소다	016
그대의 인생에 봄꽃 하나 심겠습니다	018
지금이 인생의 전부다	020
배추와 사람 속은 알차야 달다	022
산다는 것은 빛이다	024
이보다 더 좋을 수 없다	026
곧 옵니다	028
더 여유롭기에 이 길이 좋다	030
그렇게 또 살아갈 수 있도록	032
서서히 자라면 좋겠다	034
이름 모를 풀들에게서	036
날아 오른다	038

인생 밭에서 행복이 무럭무럭 자라고 있다	040
이것이 나의 행복이다	042
가을이 떨어집니다	044
이상적인 날은	046
가슴이 간질간질하다	048
인생이라는 그림을 그린다	050
투박한 옹기도 가치가 있다	052
모든 삶은 귀하리라	054
향기롭게	056
여행이 주는 선물	058
인생이라는 장소에 그대가 있다	060
그렇게 믿어 보련다	062
추억으로 산다	064
푸름	066
주름살	067

2장

찾아 헤매던 행복은
내 손끝에 있었다

나에게 소중한 사람	070
그래서 더 애정이 간다	072
나도 그대의 삶을 따라 하고 싶다	074
아름다움이 보입니다	076
만병통치약은 바로 너다	078

사랑은 가까이에 있다	080
커피에서도 가을 향이 난다	082
따뜻한 품이 그리운 아침	084
처음인 듯 설렌다면	086
사랑은 큰 포만감을 준다	088
남아 있는 삶은 이런 보석을	090
'그럼에도'의 힘	092
양쪽 날개로 세상을 날고 싶다	094

3장

삶도 시련이 있어야 윤기가 난다

내 인생은 내가 꽃피워야 한다	100
나는 지금 꽃길을 걷고 있다	102
허물을 벗어 던지자	104
내공을 길러야 해	106
내가 살고 싶은 하루를 살자	108
변명과 핑계를 일삼지 마라	110
말이 서 말이라도 행동해야 보배다	112
우물 안에서만 세상을 본다	114
시련이 있어야 윤기가 난다	116
찾는 것은 스스로의 몫이다	118
잡동사니를 버려라	120
포용력이 넓어지면	122

우아하게 익어가기 위해서는	124
이 어려운 것을 해내면	126
앞으로 나아가려는 용기가 필요하다	128
누구보다 나 자신을 예쁘게 봐주자	130
부모의 목표는 아이의 독립이다	132
그렇다면 지금 결단하지 그래	134
나를 바꾸는 것이 쉬운 길이다	136
먼저 숲속에서 빠져나와라	138
감정은 산불처럼 번진다	140
말이 삶을 만든다	142
성품은 내가 쌓아가는 것	144
감정 쓰레기를 버려야 한다	146
내가 결정할 수 있는 것은	148
점을 찍자	150
내 삶의 기초공사	152
행복 주머니에 담아라	154
그 자체가 삶이다	156
불가능	158
꿈이란	160
공감	162
관계는 내가 만드는 것	164
경험의 오류	166
지금을 살면	168

4장

운다는 건 나약함이 아니라
꽃을 피우기 위한 영양분이다

바람을 타려는 것이다	174
담금질이 필요하다	176
망각의 고마움	178
시계를 굶기고 있는 중입니다	180
마음이 차분해지면 다시	182
파도에 마음을 맡긴다	184
기꺼이 내어 주었던 것처럼	186
그런 삶을 동경하고 꿈꾼다	188
인간도 자연만큼만 하자	190
흔들리고 싶을 때가 있다	192
나를 바람에 맡긴다	194
추위도 견뎌내는 것이다	196
세상과 간헐적 이별을 한다	198
얼굴에도 봄꽃이 피어난다	200
대충, 적당히 한다	202
후회를 덜 하는 삶이 성공한 삶	204
가을은 이별을 예감하고 만나는 연인 같다	206
가벼운 삶을 살아라	208

꽃을 피우기 위한 영양분이다 210
가을바람과 손잡고 날아본다 212
굽이굽이 흐르는 강줄기 같은 삶 214
고난과 희망은 함께 온다 216
익숙함과 낯섦 218
그렇게 여행하고 싶다 220

• 1장 •

작은 빛만으로도
살아갈 이유가 된다

내 마음에 담기 위해 쓴다

수많은 1분의 조각들이 모여
일상을 보낸다

모든 순간을 다 기억할 필요는 없다
버려도 좋은 것은 저장하지 말고
분쇄해 버려야 그다음을 산다

다만 저장해두고 싶은 것들은
글로 남겨 내 마음에 담으면 된다

마음에 꽂히는 말이나 문장이 있으면
바로바로 그 순간의 느낌을 담아두려 한다

내가 직접 글로 쓰면 마음에 더 강하게 오래 남는다
석공이 온 힘을 다해 단단한 바위에 정으로 세긴 글은
수십, 수백 년 동안 지워지지 않는다
귀한 글과 말을 석공처럼 연필로 꾹꾹 눌러 쓴다.

글쓰기는
소중한 벗이고 해우소다

그냥 스치고 지나가 버릴
찰나의 느낌을 낚아채
메모장에 주워 담는다

글을 쓰면
하찮은 사람도
하찮은 만남도
하찮은 순간도
하찮은 생명도
없더라

글쓰기는
힘듦을 견디고
상처를 치유하고
웃음을 찾고
평온을 찾고
포기를 희망으로 바꾸고
잘 살아내려 애쓰게 한다.

그대의 인생에
봄꽃 하나 심겠습니다

'인생엔 각자 안고 가야 하는 돌멩이들이 있는 거죠.
세상 편해 보이는 사람 주머니에도
자기만의 무거운 돌멩이가 있는 겁니다.'
드라마 <눈물의 여왕> 중에서...

누구든 말하지 못해서 그렇지
어떤 아픔이든 가지고 살아간다
인생의 무게는 누구에게나 버겁다

무거운 돌에 눌려 희망을 버린다면
인생의 싹은 피어나지도 못하고 시들어 버린다

척박한 바위틈에서도 희망을 먹고 생명은 피어난다
땅바닥에 떨어진 절망보다 틈 사이에 희망을 보는
눈과 마음이 꽃을 피운다

자신과 주변에 봄꽃이라는 희망을 심어주자.

지금이 인생의 전부다

삶은 선택의 연속이다
선택을 통해 잃는 것도 있지만
얻는 것 또한 있다

잃는 것에 연연하지 않고
얻는 것에 감사하는 마음을 갖는 것이
행복을 만들어 가는 길이다

발발거리며 뛰어다니는 일상조차
내게는 행복으로 느껴지니
이 또한 감사한 일이다.

배추와 사람 속은
알차야 달다

내실 없는 사람이 요란할 때가 많다
자신의 부족함을 큰소리로
대신하려 하기 때문이다

외형은 돈으로 만들 수 있지만
내실은 꾸준한 노력과 인내로 채워진다

배추 알배기도 알찬 것이 달다
속이 알찬 사람이었으면 좋겠다.

산다는 것은 빛이다

다 끝났다고 했지만
어디선가 작은 빛이
내게 손을 내밀었다

산다는 건
이 작은 빛이다
그것만으로도
살아갈 이유가 된다

여전히 모자라고 부족하지만
세상은 나에게 사랑을 고백한다
참 고맙게도.

이보다 더 좋을 수 없다

꽃비를 맞으며
꽃길을 걷는다

숲속에 누워
스르르 잠든다

이보다 더 아름다운 날이 있을까
이보다 더 행복한 날이 있을까

어제도
오늘도
내일도

행복은
여기에 있다.

곧 옵니다

멀리서
가을
가을 합니다

곧 도착한다고
가을
가을 합니다

기다리라고
가을
가을 합니다

사계절 중
가장 좋아하는 가을이 옵니다

그가 오기를
손꼽아 기다립니다

곧
옵니다.

더 여유롭기에
이 길이 좋다

새로 반듯하게 매만진 길은
편하지만 좀 단조롭다

일부러 찾은 비포장길은
나도 모르게 자꾸 멈추게 된다

환하게 웃던 들꽃이 불러서
한들한들 춤추던 억새가 불러서
훨훨 날갯짓하던 참새가 불러서

나는 더 여유롭기에 이 길이 좋다

반듯한 길은 내 길이 아니니
다른 사람이 걷는다고 부러워할 이유가 없다
그냥 내 길에서 즐겨라.

그렇게 또 살아갈 수 있도록

오늘은 삐딱하게
오늘은 한가하게
오늘은 흔들흔들

행복한 일탈을 해보자
난 이미 몸과 마음이
사뿐사뿐 새털처럼 가볍다

한 번쯤은 내가 나에게
나의 시간을
나의 인생을
나의 눈물을
허락하리라

그래야 또 살아가니까.

서서히 자라면 좋겠다

며칠 못 보면
쑥쑥 자라 있는 것은 손주와 텃밭 채소다

성장해가는 모습을 보면 대견하지만
이런 호사를 누릴 시기도 정해져 있다
덥더라도 여름이 더디 갔으면 좋겠다.

이름 모를 풀들에게서

밭에 가는 길,
거북이걸음으로 느리게 걷는다

이름 모를 풀들이 호된 추위를 견뎌내고
파란 옷으로 갈아입었다

너희들 이름을 모르니
미안하지만 이름 모를 풀이라 불러야겠구나

죽은 듯했지만
다시 살아날 수 있는 이유는
풍성했던 줄기와 잎은 다 죽었지만
뿌리는 견뎌냈기 때문이다

뿌리와 근본이 살아 있으면
얼마든지 다시 시작할 수 있다.

날아 오른다

인심이 흐르는
정이 오가는
삶의 소리가 울리는
재래시장이 더 좋더라

백화점 다녀오면
속이 허하고,
재래시장 다녀오면
마음 풍선에 행복이 가득 차
두둥실 날아 오른다.

인생 밭에서
행복이 무럭무럭 자라고 있다

작은 텃밭에 씨를 뿌리고
모종을 심고 정성스럽게 살피며
행복을 선물로 받고 있다

마음 밭에 행복의 씨앗을 뿌리는가
불행의 씨앗을 뿌리는가는
농부인 자신의 몫이다.

이것이 나의 행복이다

거실 소파에 앉아 있으면
매일 조금씩 변하는 풍경이 느껴진다

인간이 그어 놓은 사계절이라는 기준과 달리
자연은 매일 다른 모습을 보인다
엊그제만 해도 푸르던 잎들이 색을 바꾸고 있다

자연과 함께 눈뜨고 감는 호사를 누리며 산다
놀랍게도 자연은 이 모든 것을 공짜로 준다.

가을이 떨어집니다

울긋불긋 화려했던 잎이
하나둘 떨어지는 벤치에 앉아
가을을 씁니다

적은 가을비에도
가지에 매달려 있기가
힘이 부치는가 봅니다

만난 지 얼마 되지 않아
얼굴도 익히지 못했고
대화도 많이 못 했는데
가을은 너무 빨리 가버리네요

육십 번이나 가을을 만나고 헤어졌지만
서운하기는 매번 마찬가지입니다
정을 주지 않으려 해도 그게 마음처럼 쉽지 않네요.

이상적인 날은

가을이 색칠한 밭은 노란 물결이고
하늘은 그 자체로 가을이다
이상적인 가을 날씨다

늘 이상적인 날씨가 지속되면
그것을 이상적이라 하지 않고
일반적이라고 한다

돌아보니 내 삶에서 이상적인 날은
밤톨에 지나지 않았다
어쩌다 와도 오래 머물지 않고
바로 사라져 버렸다

삶이라는 긴 여정도
그 순간의 달콤함 때문에
견디며 사는 것 같다

이상적인 가을이다.

가슴이 간질간질하다

꽃을 보면 주체하지 못하고

흠뻑 빠져드는 것은

나이 듦을 증명하는 건가

딱딱했던 마음이 꽃향기에

야들야들 보드랍게 녹아서 그런 건가

가슴이 간질간질

너만 보면 나는 소년이 된다.

인생이라는 그림을 그린다

어떤 인생을 그려왔고
어떤 인생을 그려갈 것인가

먼 훗날 내가 그린 인생이
가치가 있을까

삶은 인생을 통해 자신만의
그림을 그리는 것
하늘 아래에 똑같은 그림은 없다.

투박한 옹기도 가치가 있다

청자는 아름답지만
쓸모가 적은 것들도 많다

내가 빚은 옹기가 투박하다고 손가락질 받아도
나는 그 옹기를 깨고 싶지 않다
나는 내 옹기를 사랑한다

빛깔 좋은 청자는 청자로서 가치가 있고
투박한 옹기는 옹기로서 가치가 있다.

모든 삶은 귀하리라

서울의 남산은 사방이
빌딩에 둘러싸여 있다

복잡한 서울 도심의 중심을
잡아주는 북극성 같은 산,

복잡한 빌딩 숲에서 빡빡하게
살아 내고 있는 사람들을 품어 주는 산,

수많은 사람이 소원을 남기고
다시 불빛을 따라 복잡한 도심으로 돌아간다

나도 무거운 짐은 이곳에 내려놓고
가벼운 마음으로 내려간다

불빛 하나에 누군가의 삶이 있고
불빛 하나에 또 누군가의 삶이 있다
모든 삶은 귀하리라.

향기롭게

익어가는 가을을
시원한 커피에 타서 마신다

인생이란
커피 한 잔을 마시는 찰나와 같다

향기롭게 살다 가면 되지 않겠나.

여행이 주는 선물

아무리 여행길이 좋아도 때가 되면
집이 그립다고 느끼게 하는 것은
여행이 주는 선물이다

오두막이지만 내 집이
아웅다웅하며 살지만 내 가족이
김치와 짠지가 전부지만 내 밥상이
대화가 잘 통하는 주변 사람들이
돌아갈 일터가 있다는 것이
내게 주어진 모든 것에 감사한 것이
여행이 주는 값진 보약이고 선물이다.

인생이라는
장소에
그대가 있다

어떤 사물이든
적절한 장소에 놓여 있을 때
아름답게 느껴진다

그대도 그렇다
인생이라는 장소에
그대가 있다

그것만으로도
충분히 아름답고
눈물겹다.

그렇게 믿어 보련다

식물이 비를 맞으면
싱싱해지기에 나도 따라 해봤다

작은 우산은 들었지만
반바지에 슬리퍼를 신고
싱싱해지려고 걸었다

얼굴은 촉촉해지고
온몸에서 모락모락 김이 난다

싱싱해지고 있다
그렇게 믿어 보련다.

추억으로 산다

사람들은 힘들수록
가슴속에 묻고 살았던
추억을 끄집어 낸다

추억이란 내가 찾지 않으면
세상 누구도 찾아 주지 않는
내가 살아온 족적이다.

푸름

푸름은 마음을 편안하게 하는

묘한 힘이 있다

가슴을 가져다 대니

내 마음도 푸르다.

주름살

찡그려서 생긴 주름살은
나이 들어가는 증거고
웃어서 생기는 주름살은
회춘한다는 증거다.

• 2장 •

찾아 헤매던 행복은
내 손끝에 있었다

나에게 소중한 사람

내가 젊을 때는
내 사람이 특별한 사람이었으면 바랐지요
하지만 철이 들어보니
나에게 소중한 사람은
대단한 능력을 지닌 사람이 아니더군요

함께 밥을 먹고
함께 산책하고
함께 수다 떨고
함께 여행을 다니고
함께 곤잠을 자고
함께 일어나는

당신은 아시나요?
내게 소중한 사람은 바로 이런 사람이라는 것을요.

그래서
더 애정이 간다

소심한 성격인지
조심스럽게
수줍게 바라보는
모습이 애잔하다

꽃들도 인간도
그래서 더 애정이 간다.

나도 그대의
삶을 따라 하고 싶다

새싹이 움트는 시작은
낙엽이 되어 다시 땅과 하나 되는
끝과 가까워진 것이지만
새싹은 그 찰나의 삶을
가장 아름답게 꾸미고 떠나기 위해

보이지 않게
소리 나지 않게
내색도 하지 않고
이 순간을 가장 아름답게 살아낸다

나도 그대의 삶을 따라 하고 싶다.

아름다움이 보입니다

들꽃에 눈길을 주며 세심히 바라보니
보지 못했던 아름다움이 보입니다

꽃은 비교할 수 없는
그 자체로 색다른 아름다움이 있습니다

사람도 그렇습니다
비교하면 평생 자신만의 아름다움을 느끼지 못합니다

누구나 자신만의 독특한 아름다움이 있습니다.

만병통치약은 바로 너다

너의 소리를 담는다

네가 보고 싶을 때
느끼고 싶을 때
꺼내 보려고

네가 내는 소리는
마음을 차분하게 하는 힘이 있구나

몸살 기운이 있어
약 대신 너를 선택했는데
그 선택이 옳았구나

우산을 쓰고
풍경을 보며
너의 목소리를 들으니
스르르 몸살도 풀린다.

사랑은
가까이에 있다

내 곁에서 묵묵히 나를 지켜봐 주는 사람
내 마음을 읽고 조용히 응원해 주는 사람
아픔도 나누고 꽃도 나누는 사람

내 곁에 있는 그대,
그대가 이 세상에서 가장 위대하고 높고 고귀한 사랑입니다.

커피에서도
가을 향이 난다

가을 열차를 타고
어머니 품으로 달려간다

어머니와 동거 중인 소나무 옆에 앉아
가을을 코로 마시며
어머니와 몇 마디 나누고
가을을 입으로 먹고
어머니와 몇 마디 나눈다
아이처럼 재잘재잘 노래를 부른다

가을이 깊어져서 그런지
커피에서도 가을 향이 난다.

따뜻한 품이
그리운 아침

살면서 마음 편히 안길 가슴 하나
있다는 것은 행복한 일이다

살면서 마음 놓고 울 수 있는
등이 있다는 것은 행복한 일이다

당신의 따뜻한 가슴
당신의 따뜻한 손길
당신의 따뜻한 입김
당신의 따뜻한 보살핌이
그리운 아침이다.

처음인 듯
설렌다면

앵두가 탐스럽게 익었다
앵두는 입맛보다 눈맛이 더 맛있다
한참 동안 눈에 담아 맛을 봤다

피고 지고 피고 지고 반복하지만
지금 이 순간 나는 너를 처음 본 듯 설렌다

우리의 삶도 피고 지고를 반복한다
그 반복을 지겨움으로 느끼지 말고
처음인 듯 설렌다면 삶이 맛있어진다.

사랑은
큰 포만감을 준다

깊은 사랑에 빠졌을 때
사랑만으로도 배불렀고
부족함을 느끼지 못했다

마냥 행복했다

사랑하자
사랑받자.

남아 있는 삶은 이런 보석을

눈 깜박 몇 번 하니 환갑이란다
이제서야 삶에 진정 중요한 것이
무엇인지 깨닫는다

그렇게 찾아 헤매던
행복은 내 손끝에 있었다

가족과 함께 하고
소소한 일상을 귀하게 느끼는 것,
이런 것이 보석이었다

남아 있는 삶은 이런 보석 반지를
주렁주렁 달고 살려 한다.

'그럼에도'의 힘

바위틈에서도 꽃을 피웁니다
생명력이란 참 위대합니다

비옥한 곳에서 피는 꽃보다
척박한 곳에서 피는 꽃이
더 향기롭고 아름답게 느껴집니다

사람도 마찬가집니다
평탄하고 좋은 환경에서 꽃을 피우는 사람보다
열악한 환경에서 꽃을 피우는 사람이
더 향기롭고 아름답게 느껴집니다

이것이 '그럼에도'가 주는 힘이겠지요.

양쪽 날개로
세상을 날고 싶다

아내가 여행을 떠나니
날개 한쪽이 없는 느낌이 든다

새들은 짝을 지어
무리를 지어 날기에
멀리 날 수 있다

주어진 삶 동안
양쪽 날개로 세상을 날고 싶다
짝 날개가 되고 싶지 않다

나비처럼 새처럼 훨훨 날며.

• 3장 •

삶도 시련이 있어야
윤기가 난다

내 인생은
내가 꽃피워야 한다

누군가에 의해
내 인생이 움직인다면
그건 진짜 내 인생이 아니다

부족하더라도
어눌하더라도
흔들리더라도
내 인생은 내가 꽃피워야 한다.

나는 지금 꽃길을 걷고 있다

누구의 삶이든 꽃길만 걷는 것은 아니다
때론 물구덩이에 빠지기도 하고
때론 감당하지 못할 것 같은 수렁에도 빠진다

깊고 깊은 수렁을 이겨내면
어느 순간 내 앞에 꽃길이 나타나기도 한다

꽃길을 만났다고 영원히 꽃길만 있을 것이라는
허망한 기대를 해서도 안 된다

다만 그 순간을 최대한 즐기고
다가올 구덩이를 폴짝 뛰어넘을
힘을 축적해야 한다

나는 지금 꽃길을 걷고 있다
신선이 된 것처럼 몸도 마음도 붕붕 떠다닌다.

허물을 벗어 던지자

자, 이제 우리도 허물을 벗을 때가 됐다
하나씩 하나씩 허물을 벗어던지자

어깨를 짓누르는 세상의 짐도
가슴속에 쌓인 무거운 허물까지도
다 벗어던지자.

내공을
길러야 해

쾌속 질주하며 승승장구하다
과속으로 고장 나고 지쳐버리는 사람 보다
천천히라도 꾸준히 걸어가는 사람이
지치지 않고 진정한 승자가 될 거야

내공을 길러야 해
내공이 약하면 약한 바람에도 쓰러지거든
강풍이 불어도 견뎌 낼 내공이 필요해.

내가 살고 싶은
하루를 살자

남을 의식하는 버릇을 버리자

타인의 눈을 의식하지 마라
그 눈은 내 눈이 아니다
내 눈으로 세상을 대하자

그래야 나다운 삶의 첫걸음이 시작된다.

변명과 핑계를
일삼지 마라

'이래서 못했다'는 말은
누구나 하는 변명이다

'그럼에도 불구하고'는
자신을 이긴 사람만이 하는 소리다.

말이 서 말이라도
행동해야 보배다

말은 앞발이고, 행동은 뒷발이다
앞발이 앞으로 전진하는데
뒷발이 제자리를 지키려 한다면
결국 넘어지고 만다.

우물 안에서만 세상을 본다

누구의 삶에나 여러 시련이 있기 마련이다

그러나 자신에게 찾아온 시련을 대하며
'왜 나에게만 모진 시련이 계속될까?'라고 불평한다

자신의 마음속 우물 안에서만 세상을 보기 때문이다.

시련이 있어야 윤기가 난다

태풍이 오고 바닷물이 뒤집어져야 바다가 풍족해진다
그래야 물고기가 실한 먹이를 얻어 살아간다

만약 이 세상이 밝은 대낮만 계속된다면,
누구나 다 쓰러지고 말 것이다

누구나 어둠을 싫어하지만
어둠이 있기에 우리는 살아갈 수 있다
낮도 밤도 모두 삶의 일부이기에...

삶도 시련이 있어야 윤기가 나고 생동감이 있다.

찾는 것은 스스로의 몫이다

신께서는 인간을 세상으로 보낼 때
최소한 하나의 재능을 주신다
다만 찾는 것은 스스로의 몫이다

보물 찾기처럼
숨은 그림 찾기처럼
내 삶을 이끌 보물을 찾아야 한다

삶이 의미 있는 여행이 되길 바란다면.

잡동사니를 버려라

잡동사니를 버리면
우리는 본연의 모습을 발견하고
생기와 활력을 되찾을 것이다

독성이 있는 생각,
독성이 있는 사람,
독성이 있는 욕심,
독성이 있는 기대,
독성이 있는 믿음을 버려라.

포용력이 넓어지면

공자가 말했다
사람은 태어나서 말을 배우는 데 2년,
침묵을 배우는 데 60년이 걸린다고

그만큼 말하는 것보다
듣는 것이 더 어렵다

나이 들며
입맛의 포용력이 넓어지듯
세상에 대한 포용력도 넓어지고
입보다 귀가 넓어져야 한다.

우아하게
익어가기 위해서는

세상을 보는 시각이나
사람을 대하는 태도가
세월을 먹은 만큼
유연해져야 한다

폭포수보다는 잔잔한 호수가
화통함보다는 그윽함이 아름답다

우아하게 익어가기 위해서라도
여유와 아량, 부드러움과 친해지자.

이 어려운 것을 해내면

비우라 비우라 하는데
비우기는 의외로 어렵다

쥐고 있는 것을 놓아주고
품었던 것을 단념하고
부족함을 인정하고
허무함에 수긍하고
사라지는 것에 익숙해져야 하기 때문이다

이 어려운 것을 해내면
가벼운 삶을 살 수 있다

마음이 가벼워지니 언제든 바람을 타고
하늘을 자유롭게 날 수 있다

이 어려운 것을 해내면.

앞으로 나아가려는
용기가 필요하다

희망과 두려움이 마음속에서
격론을 벌이며 싸운다

희망은 결단을 촉구하고
두려움은 안주하자고 설득한다

이 싸움에서 누가 이기냐에 따라
삶의 방향이 흘러간다

마음속에 숨어 있는 두려움을 이기고
희망을 찾아 닻을 내리고 돛을 펼쳐
앞으로 나아가려는 용기가 필요하다.

누구보다 나 자신을
예쁘게 봐주자

웃는다고 다 좋아서 웃는 건 아니다
걱정 하나 없어 보여도
남의 눈에 보이지 않을 뿐이지
걱정 하나 없는 사람은 생명체가 아니다

남의 삶을 보지 말고
조금은 부족해 보여도 내 삶을 사랑해 주자

예뻐서 예쁜 것도 있지만
예쁘게 보려 하니 예쁜 것도 있다
누구보다 나 자신을 예쁘게 봐주자.

부모의 목표는 아이의 독립이다

아이가 넘어지는데 마음 아프지 않은 부모는 없다
아파도 나서지 말고 참아줘야 할 때는 참아야 한다
다만 너의 곁에 내가 있다는 믿음을 주고
다시 손 털고 일어날 수 있도록 응원해 주자

올바른 육아는 아이가 홀로 설 수 있도록 해주는 것이다
넘어지고 깨지면서도 그것을 이겨내며
앞으로 걸어가는 것이 삶이다

자신의 삶을 누리기 위해서라도
아이의 독립을 위한 육아를 해라.

그렇다면
지금 결단하지 그래

육십이 넘은 사람이 칠십에라도
자신이 좋아하는 일을 하고 싶다고 한다

좋아하는 일을 하고 싶으면
뒤로 미루지 말고 앞으로 당기라고 말하고 싶다
지금 결단하지 않으면 칠십이 되어도 쉽지 않을 테니.

나를 바꾸는 것이
쉬운 길이다

나를 포함한 많은 인간은
쉬운 길을 놔두고
어려운 길을 가려 한다

타인의 생각 틀을
바꾸려는 노력보다
자신의 생각 틀을
바꾸려는 노력이 우선이다.

먼저 숲속에서 빠져나와라

가끔은 현실에서 이탈해 지친 마음을 쉬게 해줘라
비좁은 산길을 나무만 보고 헤매는 자신이 보인다면
먼저 숲속에서 빠져나와라
그렇지 않으면 미로를 헤매며 귀한 삶을 소모할지 모른다
산 전체를 바라보면 숲길에서 헤매는 것이
인생의 전부는 아님을 알게 된다.

감정은
산불처럼 번진다

감정은 산불처럼 무섭게 주변에 번진다
감정은 주변에 강하게 전염되는 인화성 물질이다

내 주변에서 부정적 감정이 느껴지면
바로 소화기를 들고 불씨를 꺼버리자
별것 아니라고 무시하면 큰불로 번진다
그 불에 화상을 입은 것은 나 자신이다.

말이 삶을 만든다

말은 곧 현실이 된다
우리가 자주 사용하는 말은
우리의 삶을 만들어간다

긍정적인 말을 자주 하는 사람은
긍정적인 에너지에 둘러싸여 살고
부정적인 말을 자주 하는 사람은
부정적인 상황에 둘러싸여 산다.

성품은
내가 쌓아가는 것

성품이 경쟁력인 사회다
능력이 조금 부족해도 성품이 좋은 사람은 주변이 보호한다

성품은 자판기에서 바로 뽑을 수 있는 것이 아니라
자라오며 오랫동안 누적된 결과다.

감정 쓰레기를
버려야 한다

살며 생기는 좋지 않은 감정 쓰레기는
담아 두지 말고 그때그때 계속 비워야 한다
감정 쓰레기통을 비우는 자신만의 방법은
꼭 가지고 있어야 한다

자발적이고 의도적으로 일상으로부터
고립되는 것도 하나의 방법이다

현실과 잠시 이별하며
역경을 넘어갈 힘을 충전하고
다시 세상을 대하자.

내가 결정할 수 있는 것은

그냥 살아지는 삶은 없습니다
자신에게 주어진 삶을 살아내는 것이지요

자신의 삶에 만족하는 사람이든 아니든
그 삶을 만들어 가는 주체는 자신입니다

태어날 때부터 출발점에 큰 차이가 있다는 것은
내가 바꿀 수 없는 것이지요

내가 바꿀 수 있는 것은
자신의 삶을 수용하는 마음뿐입니다
자신의 삶에 온 힘을 다하며
그 삶에 감사하며 존중하고 만족한다 느끼는 것입니다

태어날 때부터 다른 출발점은 바꿀 수 없지만
행복은 자신이 얼마든지 선택할 수 있습니다

오늘 하루의 삶도.

점을 찍자

점이 하나면 어디로 튈지 모르지만
일단 점이 두 개면 방향은 잡힌 거다.

내 삶의 기초공사

'무엇을 받을까'가 아니라
'무엇을 줄까'가 인간관계의 기초공사다

기초공사가 튼튼해야
견고하게 오래간다.

행복 주머니에 담아라

손에서 먼 행복은 내 것이 될 가능성이 적다
손에 닿는 곳에 있는 행복을 많이 담아라

행복 주머니는 먼 곳에 있는 것이든
가까이 있는 것이든 가리지 않는다
그저 많이 담으면 행복 주머니가 빵빵하게 차오른다.

그 자체가 삶이다

배가 항구에 서 있을 때는
지극히 잔잔함 속에 있다

배가 새로운 목적지를 향해
앞으로 나아갈 때는
물결이 일어나고
거친 물살을 만나게 된다

삶도 목적지를 향해 나아갈 때
숱한 역경을 경험하게 된다

목적지 자체가 삶이기 때문이다.

불가능

그것이 불가능하다고
말하는 사람들은

그럼에도 불구하고
그것을 하고 있는 사람들을
방해해선 안 된다.

꿈이란

꿈은 폐허 속에서 발견한 낟알 한 톨에서도
희망을 찾게 하는 힘이 있다

살며 내 꿈을 잊어버린 것은 아닐까.

공감

공감을 잘해주는 사람이야말로
인간관계에 능숙한 사람이다
서로에게 윤활유가 된다.

관계는
내가 만드는 것

첫 만남은
하늘이 만들어 주지만

그다음부터는
내가 만들어가는 것이다

그래서
만남에 대한 책임은 하늘에 있고
관계에 대한 책임은 나에게 있다.

경험의 오류

선입견이란 경험에서 나오는
경우가 대부분이다

경험이 옳을 수도 있지만
오류일 수도 있다는 것을 기억하자

나의 경험이 누군가의 발목을 잡지 않도록.

지금을 살면

먼 훗날,
내가 걸어온 길을 되돌아봤을 때
웃을 수 있다면
그것만으로 내 길이 향기로웠다 말하리

충분히 아름답고
지극히 낭만적인
오늘을 지금을 살아라.

· 4장 ·

운다는 건 나약함이 아니라
꽃을 피우기 위한 영양분이다

바람을 타려는 것이다

연 꼬리가 꼬인 듯 휘감기는 것은
연이 창공을 향해 솟구치기 위해
바람을 타려는 것이다

연 꼬리처럼 삶이 꼬일 때는
추락이 아닌 비상을 위한 몸부림이다
훨훨 날기 위해 잠시 꼬인 것이니
속상해하지도 의기소침하지도 마라.

담금질이 필요하다

역경은 누구에게나 힘들고 피하고픈 현실임에 틀림없다
그러나 피할 수 없으면 즐기라는 말이 있듯이
그런 상황을 즐거운 마음으로 견디는 담금질이 필요하다

어떤 일이든 힘이 드는 정도에서 멈추면
아무런 변화도 없다

도저히 견딜 수 없는 순간을 몇 차례 넘기면
강철이 된 자신을 발견하게 된다.

망각의 고마움

나이가 들수록 기억 용량은 자연스럽게 서서히 줄어든다
아마도 인간 세상의 기억들을 서서히 지우다
세상을 떠날 때 모든 기억을 포맷하고
새로운 세상의 새로운 기억을 담으라는 배려가 아닐까.

시계를
굶기고 있는
중입니다

시간이 너무 빨리 지나가서
시계에게서 밥을 빼앗았습니다

잔인하지만
시계를 굶기고 있는 중입니다

이러면 시간이 흐르지 않겠지요
시간을 꽁꽁 묶어 놓을 수 있겠지요

나이 들수록 시계가
빨리 돌아가나 봅니다.

마음이 차분해지면 다시

가끔은 모든 일이 꼬이는 날이 있다
그런 날에는 모든 것이 그냥 지나가기를
숨죽이고 기다리는 것이 최선이다

조급한 마음에 꼬인 실타래를 풀어 보려고
달려들다 더 꼬이고 만다
꼬인 실타래에서 잠시 눈을 돌렸다가
마음이 차분해지면 다시 풀어가는 것도 방법이다

오늘은 잘 될 것이다
그렇게 믿고 하루를 소중히 보내자.

파도에 마음을 맡긴다

마음의 휴식은 그동안 수고한
내 마음에게 주는 선물이다

나를 사랑하는 내 마음에게 주는
최소한의 보답이다

내 육체와 마음,
영혼의 묵은 때가
여지없이 파도에 쓸려나간다

쏴~ 스르륵
이 소리 한 번에
내 육체가 가벼워진다

쏴~ 스르륵
이 소리 한 번에
내 마음은 해 맑게 웃음 진다

쏴~ 스르륵
이 소리 한 번에
내 영혼은 맑아진다.

기꺼이 내어 주었던 것처럼

겉은 생명을 잃은 것 같지만
속은 생명을 잉태하고 키우기 위해
분주하게 움직이고 있다

생명을 다한 잎과 잔디는
새 생명을 지키기 위해
이불을 덮어 주고 있다

부모들이 자식을 위해
기꺼이 자신을 이불로 내어 주었던 것처럼

강추위 뒤에 따뜻한 햇살이 찾아왔다
잔디에 누워 햇살을 온전히 흡수한다

푹신하고 따뜻한 엄마 품처럼.

그런 삶을
동경하고 꿈꾼다

시골로 들어가 원두막에서
참외, 수박을 탐하며

머리가 찌릿할 정도로
차가운 냇가에 발 담그고

파란 하늘에서 날갯짓하는
잠자리를 쫓아다니며

배고프면 들판에 널린
옥수수 몇 개를 은은한 불에 구워 먹고

밤이 되면 나타나는
반딧불의 안내를 받아
달님과 별님을 벗 삼아서
여름밤이 익어가는 소리를 듣고 싶다.

인간도
자연만큼만 하자

우리 눈에 비친 자연은
정적일지 몰라도
한시도 쉰 적이 없다

하루 한시 최선을 다해
자신에게 주어진 생명을
가장 아름답게 꽃 피려 하는
대자연 속의 생명에게 존경을 표한다

인간도 자연만큼만
삶을 소중하게 여기며
최선을 다해 인생을 아름답게 가꾸자.

흔들리고 싶을 때가 있다

바람이 불면 바람결에 나를 맡기고
흔들흔들 흔들려 보자
나뭇가지가 울면 나도 따라서
소리 내어 울어 보자
햇살이 따갑게 내리쬐면
옷들을 훌훌 벗어던져 버리자
홀가분한 몸과 마음으로
햇살을 즐겨보자

내가 감당해야 할 짐들을
오늘만은 내려놓자.

나를 바람에 맡긴다

마음을 열면
바람이 들어온다

그 바람을 타고
사람과 자유와 행복이 온다

나를 맡겨도 좋다
나를 버리면 더더욱 좋다.

추워도
견뎌내는 것이다

겨울이라고 매일 춥기만 한 것은 아니다
추운 날이 있으면 포근한 날도 있는 법,
우리의 삶도 그러할 것이다

따뜻한 햇살이 몸에 스미며
긴장된 근육과 마음을 부드럽게 풀어준다

그렇기에 추워도 견뎌내는 것이다
포근한 날이 찾아올 것이라는
희망을 갖기에.

세상과 간헐적 이별을 한다

오래 끓인 진국을 마시는 느낌이 나는 곳,
뒤뜰 장독대에 오랜 세월 묵어 온 된장독 같이
깊은 향취가 배인 곳, 보성에 왔다

냇가에서 흐르는 물을 가만히 바라보고 있으면
모래알 한 알 한 알을 다 셀 수 있다
삼나무에서 품어내는 바람에 취했다
정신 차리려고 애쓰다 다시 꽃에 취한다

복잡한 풍파를 잊고 세상과 떨어져
나무와 돌과 공기와 지내고 싶다

세상과 간헐적 이별하는 것은
세상과 결별을 막는 예방약이 되기도 한다.

**얼굴에도
봄꽃이 피어난다**

봄비가 땅으로 스미기 전에
내 마음에 먼저 스며든다

비가 땅속에 스미면
새싹이 우후죽순 하늘을 향해
머리를 드러내며
생명의 시작을 알린다

봄비가 마음에 스미면
경직이 풀리고 말랑말랑해지며
얼굴에도 봄꽃이 피어난다.

대충, 적당히 한다

인간은 더는 노력할 수 없는 경계선이 있기 마련이다
한계가 없는 것이 아니라 각자의 한계가 다를 뿐이다

꾸준히 계속하려면 '대충', '적당히' 하는 것도 필요하다
그렇기에 그들은 지치지 않고 지금도 그곳에 있다.

후회를 덜 하는 삶이
성공한 삶

젊을 때는 시간과 기회가 무한한 것으로 알았다
이제는 시간과 기회가 떠다니는 공기처럼
무한하지 않다는 것을 안다

돈이 많고 지위가 높아야 성공한 삶이 아니라
후회를 덜 하는 삶이 성공한 삶이다

이제야 철이 조금 든 것 같다.

가을은 이별을 예감하고 만나는
연인 같다

커피잔에 가을을 담아 마신다
커피 향, 코스모스 향, 국화향이 섞여
최상의 커피 맛을 만든다

입술을 타고 흐르는 물소리
목구멍을 타고 흐르는 커피
바람을 타고 깊어 가는 가을

한동안 꽃들을 만나지 못하기에
가을 꽃향기가 더 그윽하게 느껴진다

가을꽃이 지면 초록과 이별한다
눈꽃이 녹아 새순이 돋고 봄꽃이 피어날 때까지.

가벼운 삶을 살아라

하늘을 나는 풍선을 타고
세상을 멀리 넓게 보며
자유를 만끽하고 싶다

열기구가 하늘로 뜨려면
모래주머니를 밖으로 던져야 한다
그런데 모래주머니라는 욕심은 버리기 싫고
하늘로 뜨기를 바라고 있으니
하늘로 날아갈 수 없다

하늘을 자유롭게 날고 싶은 사람은
가벼운 삶을 살아라
그래야 언제든 바람을 타고
자유를 누릴 수 있다.

꽃을 피우기 위한
영양분이다

비바람에 흔들리고
강한 햇살에 목이 타고
온갖 풍파에 눈물 흘리며
견뎌낸 시간들

운다는 건 나약함이 아니라
꽃을 피우기 위한 영양분이다

꽃과 인간이
한치의 다름이 없다

살아온 날이 그랬듯이
살아갈 날도 그러겠지.

가을바람과
손잡고 날아본다

가을바람이 함께 날자고 한다

복잡한 도시를 피해
끝없이 펼쳐진 파란 하늘로
훨훨 날자 한다

삶의 무게를 잠시 놓아 버리고
가벼운 마음으로 두둥실 떠다니자 한다

바람과 구름의 만남,
그 만남에 나도 함께하자 한다

그래서 날아오른다
세상 모든 짐은 다 놓아두고서.

굽이굽이 흐르는
강줄기 같은 삶

삶은 굽이굽이 흐르는 강줄기 같다
짧다면 짧고 길다면 길 수 있는 삶,
살아가는 동안 침식과 퇴적을 반복하며
삶의 곡선이 만들어진다

어느 순간 감당하지 못할 것 같은 고통이
급류처럼 밀려와 숨통이 꽉 막힐 것 같지만
시간이 지나면 다시 평온이 찾아온다.

고난과 희망은
함께 온다

고난이 겹쳐 온다는 것은
희망이 멀지 않았다는 증표다
그때를 생각하며 용기를 갖고
삶의 중심을 잃지 말자

큰 바다를 만나는 날까지
삶의 희로애락은 계속된다
이 모든 것이 한순간일 뿐이다.

익숙함과 낯섦

세상사는 익숙함 뒤에
낯선 환경이 찾아오는 것이 순리다

익숙함이 늘수록
익숙한 것과의 이별도
멀지 않았다는 신호다.

그렇게 여행하고 싶다

숲도
새도
나무도
하늘도
바람도
바다도
국적은 없더라

단지 인간이 만들어 놓은
경계선에 있을 뿐

나도 바람처럼
빛과 어둠의 경계선을 넘나들며
자유로이 여행하고 싶다.

그대의 인생에 봄꽃 하나 심겠습니다

초판 발행 · 2025년 3월 31일

지은이 · 오평선
발행인 · 이종원
발행처 · (주)도서출판 길벗
브랜드 · 더퀘스트
출판사 등록일 · 1990년 12월 24일
주소 · 서울시 마포구 월드컵로 10길 56(서교동)
대표전화 · 02) 332-0931 | **팩스** · 02) 323-0586
홈페이지 · www.gilbut.co.kr | **이메일** · gilbut@gilbut.co.kr

편집팀장 · 민보람 | **기획 및 책임편집** · 방혜수(hyesu@gilbut.co.kr)
제작 · 이준호, 손일순 | **영업마케팅** · 정경원, 김진영, 조아현, 류효정 | **유통 혁신** · 한준희
영업관리 · 김명자 | **독자지원** · 윤정아

디자인 · 말리북 | **CTP 출력** · **인쇄** · 영림인쇄 | **제본** · 영림제본

- 더퀘스트는 길벗출판사의 인문교양&비즈니스 단행본 출판 브랜드입니다.
- 이 책은 저작권법의 보호를 받는 저작물로 이 책에 실린 모든 내용, 디자인, 이미지, 편집 구성은 허락 없이 복제하거나 다른 매체에 옮겨 실을 수 없습니다.
- 인공지능(AI) 기술 또는 시스템을 훈련하기 위해 이 책의 전체 내용은 물론 일부 문장도 사용하는 것을 금지합니다.
- 잘못 만든 책은 구입한 서점에서 바꿔드립니다.

© 오평선, 2025
ISBN 979-11-407-1294-6 (03810)
(길벗 도서번호 020257)

정가 19,800원

독자의 1초까지 아껴주는 길벗출판사
- **(주)도서출판 길벗** IT교육서, IT단행본, 경제경영서, 어학&실용서, 인문교양서, 자녀교육서 www.gilbut.co.kr
- **길벗스쿨** 국어학습, 수학학습, 어린이교양, 주니어 어학학습, 학습단행본 www.gilbutschool.co.kr

인스타그램 · thequest_book | **페이스북** · thequestzigi | **네이버포스트** · thequestbook